# PiRi

## Fördermaterial Lesen 3/4

Erarbeitet von
Hans-Dieter Bunk



Ernst Klett Verlag
Stuttgart · Leipzig

# Inhalt



| | |
|---|---|
| TV = Textverstehen | SW = Stolperwörter erkennen |
| LT = Lesetechnik | TS = Textstrukturen erkennen |
| BT = Betontes Lesen | RW = Reimwörter zuordnen |

# Auf der Schatzinsel

1. Lies den Text.
2. Zeichne dann auf der Karte den Weg ein, der zum Schatz führt.

Du kommst auf der Insel an. Binde dein Boot an dem Steg fest.
Biege an der ersten Kreuzung rechts ab.
Du kommst an einem Brunnen vorbei. Trinke hier nichts.
Nimm den Weg durch die beiden Palmen. Gehe weiter bis zum See.
Steige dort in das Ruderboot. Rudere über den See.
Gehe bei den drei großen Felsen an Land.
Gehe rechts an den Felsen vorbei und an der alten Hütte auch.
Bei einem Kaktus biegst du links ab.
Du gehst um den Berg herum bis zu einer Höhle.
Dort findest du die Schatzkiste.

# Wer ist wer?

**1.** Male die Kinder aus, wie sie unten beschrieben sind. Schreibe ihren Namen in das Namensschild. Lass einen Partner oder eine Partnerin vergleichen.

Anna hat einen roten Rock.
Lisa hat einen roten Rock.
Anke hat eine rote Hose.
Lena hat eine gelbe Hose.

Anke trägt ein blaues T-Shirt.
Lena trägt ein blaues T-Shirt.
Anna trägt ein weißes T-Shirt.
Lisa trägt ein grünes T-Shirt.

Anke hat eine gelbe Mütze.
Lena hat eine blaue Mütze.
Anna hat eine gelbe Mütze.
Lisa hat eine rote Mütze.

Lisa hat rote Schuhe.
Anna hat schwarze Schuhe.
Anke hat schwarze Schuhe.
Lena hat braune Schuhe.

Lena trägt weiße Socken.
Lisa trägt gelbe Socken.
Anna trägt rote Socken.
Anke trägt blaue Socken.

Anke hält ein rotes Heft.
Lena hält ein blaues Heft.
Anna hält ein gelbes Heft.
Lisa hält ein braunes Heft.

# Zahlen aus der Schule

1. Lies die Texte in den Sprechblasen.
2. Überlege, wie viel Kinder in den Klassen sind, und trage es in der Tabelle ein.

| Klasse | 1a | 1b | 2a | 2b | 3a | 3b | 4a | 4b | zusammen |
|---|---|---|---|---|---|---|---|---|---|
| Schüler | | | | | | | | | |

In welcher Klasse sind die meisten Kinder? ______________

In welcher Klasse sind die wenigsten Kinder? ______________

Die Sprechblasentexte verstehen, miteinander in Beziehung setzen und Ergebnisse in einer Tabelle notieren

# Acht Rätsel

**1.** Lies die Rätsel. Schreibe die Lösungen in den Kasten.

Sage mir:
Wie heißt das Tier,
das immer seinen
Namen ruft.

Hängt an der Wand,
gibt allen die Hand.

Ich habe sieben Häute,
beiße alle Leute.
Ich verschone keinen,
alle müssen weinen.

Gibt das einen Sinn:
Es sind Schuhe,
doch kein Fuß ist drin.

Sage mir:
Wie heißt das Tier,
das immer mit
zwei Löffeln frisst.

Erst weiß wie Schnee,
dann grün wie Klee,
dann rot wie Blut.
Schmeckt allen Kindern gut.

Ich kenn ein buntes Haus,
ein Tier schaut dort heraus,
es nimmt bei jedem Schritt
sein Häuschen mit.



Sprachliche Rätsel lesen, darüber nachdenken, sie argumentierend lösen und die Lösung aufschreiben

# Vier Krankheiten

1. Lies die Texte. Einige Zeilen sind vertauscht.
2. Nummeriere die Zeilen und lies die Texte dann noch einmal.

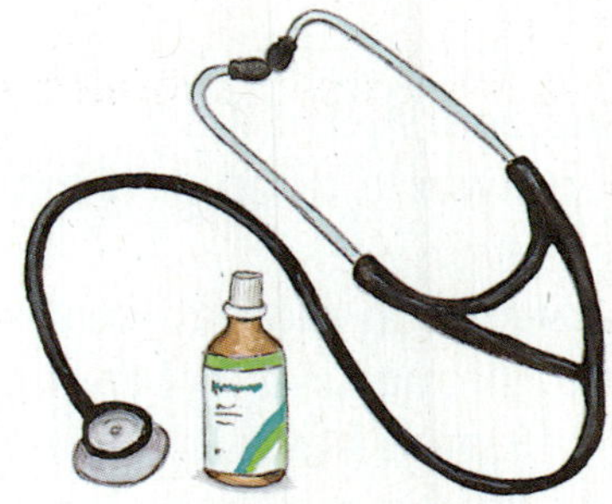

## Mumps

| | |
|---|---|
| 1 | Mumps wird auch |
| | Oft hat man Schmerzen |
| 2 | Ziegenpeter genannt. |
| | in der Ohrengegend. |
| | Das Kauen tut |
| | Das Fieber steigt |
| | weh und man hat |
| | keinen großen Appetit. |
| | meist nicht sehr hoch. |

## Röteln

| | |
|---|---|
| | Röteln ähneln den |
| | aber meist leichter. Das |
| | Masern. Sie verlaufen |
| | Fieber steigt nicht |
| | so hoch. Die Rötelflecke |
| | sind hellrot. Während |
| | für das ungeborene Kind. |
| | einer Schwangerschaft |
| | sind Röteln gefährlich |

## Masern

| | |
|---|---|
| | Bei Masern hat man |
| | treten im Gesicht und am |
| | zunächst Husten, Schnupfen |
| | und Fieber. Dann |
| | Nacken rote Flecken auf. |
| | Nach zwei bis drei Tagen |
| | Flecken auf dem ganzen |
| | sind die dunkelroten |
| | Körper verteilt. Der |
| | Husten wird stärker. |

## Schnupfen

| | |
|---|---|
| | Schnupfen ist nicht |
| | unangenehm. Die Nase |
| | gefährlich aber ziemlich |
| | juckt und oft kommen |
| | Kopfschmerzen dazu. Um |
| | kann man ein Dampfbad |
| | die Nase frei zu bekommen |
| | machen. Die Atemwege |
| | wenn etwas Kamille |
| | werden schneller frei, |
| | im Dampfbad ist. |

# Der Löwenzahn

1. Lies zuerst den Text.
2. Beantworte dann unten die Fragen.

Der Löwenzahn stammt aus Asien, ist heute aber in ganz Europa und Nordeuropa zu finden. Seinen Namen hat der Löwenzahn von seinen Blättern. Sie sind zackig und spitz wie die Zähne eines Löwen. Weil die Kühe auf der Weide ihn gerne fressen, wird er auch Kuhblume genannt. Er wächst auf Wiesen, an Wegrändern und manchmal auch mitten in der Stadt. Seine Wurzeln gehen tief in die Erde, sogar bis zu 1,50 m tief. Seine gelben Blüten sieht man von April bis Juli. Aus der Blüte wird die Pusteblume mit den bis zu 200 silbernen Schirmchen. Sie tragen unten alle ein Samenkorn. Der Wind weht sie in alle Richtungen. Aus den Samen wächst dann wieder ein neuer Löwenzahn.

Welche Farbe hat die Blüte des Löwenzahns? ____________________

Wann blüht der Löwenzahn? ____________________

Wie lang kann die Wurzel des Löwenzahns werden? ____________________

Was wird aus der Blüte des Löwenzahns? ____________________

Wie viel Samenschirmchen kann eine Pusteblume haben? ____________________

Wer sät die Schirmchen mit den Samenkörnern aus? ____________________

Woher hat der Löwenzahn seinen Namen? ____________________

____________________________________________

Woher stammt der Löwenzahn eigentlich? ____________________



Aus einem Sachtext Informationen entnehmen und sie bei Beantwortung von Fragen verwenden

# Wetterberichte

**1.** Lies zuerst die Wetterberichte. Beantworte dann die Fragen unten.

**Stadt Anzeiger: 17. November**

Heute kann es zu ersten Schneefällen kommen. Die Temperaturen bewegen sich um 0 Grad. Daher besteht auch Gefahr der Glatteisbildung auf den Straßen. Ein leichter Wind weht kalt aus Nordost.

**ARD Das Wetter: 25. September**

Der Sommer scheint zurück zu sein. Die Temperaturen klettern noch einmal auf 19 Grad. Dazu weht ein lauer Wind aus südlicher Richtung. Am Himmel zeigen sich kaum Wolken.

**SWR Wetterbericht: 10. Oktober**

Nach den ergiebigen Regenfällen des Vortags wird sich das Wetter etwas beruhigen. Der Himmel bleibt aber bedeckt. Es kommt nur zu gelegentlichen Schauern. Bei 6 Grad weht ein starker Wind aus wechselnden Richtungen.

**WDR Wettervorhersage: 4. Oktober**

Autofahrer aufgepasst: In vielen Landesteilen beträgt die Sichtweise nur 50 Meter. Bis zum Mittag wird der Nebel aufsteigen. Der Himmel bleibt wolkig. Temperaturen bis zu 11 Grad in den Niederungen und bis zu 7 Grad im Bergland.

Welches war der wärmste Tag? ______________________

Welches war der kälteste Tag? ______________________

An welchem Tag wehte der Wind aus Süden? ______________________

An welchem Morgen war es nebelig? ______________________

An welchem Tag bestand Glatteisgefahr? ______________________

Welcher Wetterbericht sagt nichts über Wolken aus? ______________________

Wie warm war es, als nur ein lauer Wind wehte? ______________________

Wieviel Grad Unterschied herrschte zwischen Bergland und Niederungen am 4. Oktober? ______________________

# Frösche

1. Lies den Text.
2. Streiche dann in den Sätzen unten die falschen Wörter durch.

Im Frühjahr legen die Frösche ihre Eier ab. Dazu suchen sie sich einen Teich. Manchmal müssen sie dazu eine Straße überqueren. Dann sind sie in großer Gefahr.

Aus den Eiern schlüpfen Kaulquappen. Sie schwimmen im Teich und fressen Algen und kleinste Wasserpflanzen. Zuerst sehen sie aus wie ein Kopf mit einem Schwanz. Dann bekommen sie Hinterbeine, dann Vorderbeine. Schließlich fällt der Schwanz ab. So entsteht ein kleiner Frosch.

Am Anfang passt er auf einen Fingernagel. Er hüpft an Land. Nun ist er ein Fleischfresser. Mit seiner Zunge fängt er Insekten. Oft springt er mit seinen langen Beinen hoch und fängt eine Fliege um Flug.

Frösche fühlen sich überall wohl, wo es feucht ist. Aber es gibt immer weniger Tümpel und Teiche. Deshalb sind auch Frösche selten geworden.

Im [Frühjahr / Winter] legen die Frösche ihre [Eier / Jungen] ab.

Dazu suchen sie sich [eine Wiese. / einen Teich.]

Aus den Eiern schlüpfen [Raupen. / Kaulquappen.]

Sie fressen kleine [Fische. / Wasserpflanzen.]

Zuerst wachsen die [Vorderbeine. / Hinterbeine.]

Der kleine Frosch passt auf einen [Teller. / Fingernagel.]

Mit [der Zunge / den Vorderbeinen] fangen die Frösche Insekten.

Frösche fühlen sich wohl in der Nähe von [Straßen. / Wasser.]

# Sportfest der Tiere

1. Lies die Verse.
2. Immer zwei Verse gehören zusammen. Verbinde sie.

| | |
|---|---|
| Hurra, das Sportfest fängt nun an, | plärrt laut der Pelikan. |
| Zum Start blas ich die Tröte, | meckern die Ziegen. |
| Ich komm mit meinem Schatz, | grunzt das Schwein. |
| Wir bleiben lieber liegen,  | flötet der Spatz. |
| Ich ringe mit Groß und Klein, | unkt die Kröte. |
| Ich hoppel, spring und rase, | bellen die Hunde. |
| Ich werfe den Kiesel, | schreit der Esel.  |
| Wir laufen eine Stadionrunde, | mümmelt der Hase. |
| Ich laufe bis nach Wesel, | wiehern die Pferde. |
| Wir werdens auch schaffen, | grummelt der Biber. |
| Statt laufen schwimm ich lieber, | ruft das Wiesel. |
| Ich ruder den Kahn,  | kreischen die Affen. |
| Wir sind die schnellsten der Erde, | brüllt der Stier.  |
| Ich bin der Gewichtheber hier, | kräht der Hahn. |
| Ich werfe den Speer, | summen die Fliegen. |
| Wir werden siegen,  | zischelt die Schlange. |
| Ich krieche ganz lange, | piepst die Maus. |
| Um sechs ist das Sportfest aus, | brummt der Bär. |

*Knut Bieder*

In einem Nonsens-Lesetext die Reime erkennen. Textvorlage zu einem Spiel, Reflektieren der „Tiersprache“

# Als das Sams kam

1. Lies den Text. Du kennst die Sams-Geschichte von Paul Maar sicher so ähnlich.
2. Hier ist in jeder Zeile ein Wort zuviel. Streiche es durch.
   Du darfst aber keine Wörter umstellen.

Am ~~der~~ Montag schien der Mond.

Am Dienstag hatte Herr Taschenbier war Dienst.

Am Mittwoch war Mitte heute der Woche.

Am Donnerstag Blitz hat es gedonnert.

Am Freitag hatte Herr Taschenbier Herr frei.

Am Samstag die kam das Sams.

Ab sofort hatte Herr Taschenbier blau Ärger.

Das Sams brauchte lieb etwas zum Anziehen.

Herr Taschenbier ging über mit dem Sams in ein Kaufhaus.

Aber kein trotzdem Anzug passte dem Sams.

Alle waren hatten zu eng.

Schließlich kauften sie einen Taucheranzug gekauft.

Der das Taucheranzug dehnte sich.

Der Anzug war denn nämlich aus Gummi.

Wie auf der Flucht verließ Herr Taschenbier flüchtete das Kaufhaus.

Herr Taschenbier steckte das packte Sams in einen Rucksack.

Dann einmal fuhren sie nach Hause.

Dort wartete schon Frau Rotkohl hier.

Nun fing der Ärger begann erst richtig an.

# Bücherhelden

1. Wenn du gerne liest, kennst du vielleicht auch die Figuren, die unten mit ihren Farben beschrieben sind. Schreibe ihre Namen auf.
2. Die Autorinnen und Autoren heißen Astrid Lindgren, Otfried Preußler, Ellis Kaut, Paul Maar, Angela Sommer-Bodenburg, Max Kruse, Joanne K. Rowling und Sven Nordqvist. Aber wer hat wen erfunden?

*Er ist ein kleiner Kobold, der bei Meister Eder in einer Schreinerwerkstatt lebt. Er kann sich unsichtbar machen. Er hat einen knallroten Wuschelkopf.*
*Die Figur heißt:*

*Sie wurde erfunden von:*

*Er lebt unter Wasser in einem Teich, dem Mühlenweiher. Zwischen seinen Fingern hat er Schwimmhäute. Seine Haare sind grün.*
*Die Figur heißt:*

*Sie wurde erfunden von:*

*Sie lebt in der Villa Kunterbunt. Ihre Haare haben die Farbe einer Möhre. Sie trägt ein gelbes Kleid, einen schwarzen und einen geringelten Strumpf.*
*Die Figur heißt:*

*Sie wurde erfunden von:*

*Er hat einen großen Mund und eine Nase, die aussieht wie ein kleiner Rüssel. Das Gesicht ist hellgrün mit großen, blauen Punkten. Herr Taschenbier ist sein Papa.*
*Die Figur heißt:*

*Sie wurde erfunden von:*

*Er hat ein kalkweißes Gesicht mit blutunterlaufenen Augen und zottiges Haar. Er trägt einen schwarzen Umhang. Er hat einen blutroten Mund und weiße, spitze Zähne.*
*Die Figur heißt:*

*Sie wurde erfunden von:*

*Es ist aus einem gesprenkelten Ei geschlüpft, das viele tausend Jahre in einem Eisberg lag. Es hat einen Schwanz wie ein Krokodil und kleine Flügel.*
*Die Figur heißt:*

*Sie wurde erfunden von:*

*Er lebt bei Petterson, einem älteren Herrn, der einen Bart und eine Brille hat. Er ist ein braun-weiß gestreifter Kater, der eine grün gestreifte Hose trägt und immer neugierig ist.*
*Die Figur heißt:*

*Sie wurde erfunden von:*

*Es ist ein Zauberlehrling, lebt in England in einem Zauber-Internat und hat viele fantastische Abenteuer zu bestehen. Seine Freundin heißt Hermine.*
*Die Figur heißt:*

*Sie wurde erfunden von:*

Figuren aus der klassischen Kinderliteratur anhand einer Beschreibung identifizieren und ihnen die passenden Autoren/Autorinnen zuordnen

# Die Prinzessin auf der Erbse

1. Lies die Textabschnitte.
2. Nummeriere sie in der richtigen Reihenfolge.
3. Lies dann das ganze Märchen noch einmal in richtiger Reihenfolge.

Am Abend begann ein furchtbares Unwetter. Es regnete in Strömen. Es donnerte und blitzte. Da klopfte es ans Schlosstor. Der alte König ging hin, um aufzumachen.

Dort sollte die Prinzessin in der Nacht liegen. Am nächsten Morgen wurde sie gefragt, wie sie geschlafen hatte.

1 Es war einmal ein Prinz, der wollte eine Prinzessin heiraten. Aber es sollte eine wirkliche Prinzessin sein. Darum reiste er in der ganzen Welt herum, um eine solche zu finden.

Da nahm der Prinz sie zur Frau, denn nun hatte er eine wirkliche Prinzessin gefunden. Und die Erbse kam in ein Museum, wo sie noch heute zu sehen ist, wenn sie niemand gestohlen hat.

Er fand viele Prinzessinnen, aber immer fehlte etwas oder war nicht in Ordnung. Da kam er traurig wieder nach Hause, denn er wollte doch eine wirkliche Prinzessin haben.

Vor dem Tor stand eine junge schöne Frau. Aber wie sah sie bei Wind und Regen aus! Das Wasser lief an ihr herab und an den Schuhen wieder heraus. Sie sagte, dass sie eine wirkliche Prinzessin sei.

Daran konnte man sehen, dass sie wirklich eine Prinzessin war. Wer durch zwanzig Matratzen und zwanzig Decken eine Erbse spürt, der muss eine echte Prinzessin sein.

„Die Nacht war fürchterlich!“, sagte die Prinzessin. „Ich konnte überhaupt nicht schlafen. In meinem Bett war etwas ganz Hartes. Mein Körper ist ganz blau und braun! Es war schrecklich!“

„Das werden wir schon erfahren“, meinte die alte Königin. Sie ging in die Schlafkammer und legte ganz unten ins Bett eine Erbse. Darüber legte sie zwanzig Matratzen und zwanzig Decken.

*nach Hans Christian Andersen*

# Ente und Schwan

Aus den folgenden Texten erfährst du etwas über Enten und Schwäne.

**1.** Lies die Texte und trage die Unterschiede unten in die Tabelle ein.

**Schwäne,** zum Beispiel Höckerschwäne, sind Schwimmvögel, die auf allen Erdteilen zu Hause sind. Sie ernähren sich von Pflanzen, Käfern, Würmern, Muscheln und kleinen Fischen. Sie legen 6–8 grünlich gefleckte Eier, die etwa 105 mm groß sind. Nur die Weibchen brüten die Eier aus. Ein Schwan wird etwa 1,6 m lang und seine ausgestreckten Flügel sind 2,50 m breit. Manche Schwäne haben schöne Stimmen, die sie oft auch im Flug hören lassen. Männchen und Weibchen bleiben für das ganze Leben zusammen und gehen zärtlich miteinander um. Junge Schwäne sind zunächst grau und bekommen erst später ihr strahlendes weißes Gefieder.

**Enten,** zum Beispiel Stockenten, leben in Europa, Asien, Nordamerika und Nordafrika. Sie legen 6–10 Eier und brüten sie in etwa 24 Tagen aus. Die Eier sind um die 45 mm groß. Eine Ente wird etwa 63 cm lang und die Flügelspanne beträgt 1,00 m. Die Männchen haben besonders im Frühjahr ein buntes, metallisch schimmerndes Gefieder. Junge Enten sehen meist gelblich aus. Enten ernähren sich von Blättern, Körnern, Insekten, Würmern, Schnecken und kleinen Fischen. Enten können ausdauernde Flieger sein. In der Regel starten und landen sie auf dem Wasser. Ein Entenei ist etwa 7–8 cm groß. Nur die Weibchen brüten die Eier aus.

| | *Ente* | *Schwan* |
|---|---|---|
| *Anzahl der Eier* | | |
| *Größe der Eier* | | |
| *Flügelspanne* | | |
| *Länge* | | |
| *Farbe der Jungvögel* | | |
| *Farbe* | | |
| *Heimat* | | |
| *Ernährung* | | |
| *Wer brütet?* | | |

# Frühling oder Herbst

1. Lies den Text.
2. Sicher ist dir aufgefallen, dass es hier ein bisschen durcheinander geht.
   Eigentlich sind es zwei Texte. Einer handelt vom **Frühling,** der andere vom **Herbst.**
   Übermale die Frühlingszeilen grün und die Herbstzeilen braun.
3. Lies dann deiner Partnerin einen Text vor. Sie vergleicht dabei mit ihrem Text.

Im Oktober sinken die Temperaturen.

Das letzte Obst wird geerntet.

Im März werden die Knospen der Bäume dicker.

Im November färben sich die Blätter.

Die Knospen brechen auf und Blätter und Blüten entfalten sich.

Bienen und erste Schmetterlinge besuchen die Blüten.

Die Blätter werden rot, gelb und braun.

Schließlich fallen die Blätter ganz ab.

Die Menschen wünschen sich ein frohes Osterfest.

Wunderschön sehen die rosa Apfelblüten und weißen Kirschblüten aus.

Der Igel sucht sich unter den Blättern ein Lager für den Winterschlaf.

An den Sträuchern hängen noch bunte Beeren.

Auch in den Gärten stehen bunte Blumen.

Es blühen Tulpen, Krokusse, Hyazinthen und Osterglocken.

Die Sonne wird deutlich wärmer.

Die Zugvögel fliegen in den warmen Süden.

Oft ist es morgens und abends nebelig.

Dann müssen die Autofahrer besonders vorsichtig sein.

Die Kinder freuen such auf Halloween.

Die Zugvögel kommen zu uns zurück.

Die Menschen bereiten sich schon langsam auf die Weihnachtszeit vor.

Und wenn die Schwalben da sind, beginnt auch bald der Sommer.

# Sankt Martin

**1.** Lies den Text und beantworte dann die Fragen unten.

Sankt Martin, dessen Fest wir am 11. November feiern, hat vor etwa 1700 Jahren als Martinus wirklich gelebt. Sulpicius, ein Freund und Begleiter Martins, hat seine Lebensgeschichte aufgeschrieben. Deshalb wissen wir heute noch so viel von ihm.

Martin wurde 316 in Ungarn geboren. Sein Vater war Hauptmann im Heer des römischen Kaisers. Es gab ein Gesetz, dass die Söhne von Soldaten auch Soldaten werden mussten. Deshalb wurde Martin 331 auch Soldat. Schon nach kurzer Dienstzeit wurde er Offizier bei den Reitern im heutigen Frankreich. In dieser Zeit genau war es 335, als er seinen Mantel mit einem Bettler geteilt hat und sich taufen ließ. 19 Jahre später verließ Martin das Heer. Er lebte längere Zeit einsam, wurde Priester und Mönch und tat viel Gutes. 371 wählten ihn die Einwohner der französischen Stadt Tours zu ihrem Bischof.

Man erzählt von Martin ähnliche Wundertaten wie vom heiligen Nikolaus. Am 8.11.397 starb Martin und wurde am 11. November in Tours begraben.

Wie alt wurde Martin? ______________________

Wann wurde Martin Bischof? ______________________

In welchem Jahr hat Martin seinen Mantel geteilt? ______________________

Mit wie viel Jahren wurde Martin Soldat? ______________________

Feiern wir das Martinsfest an Martins Todestag? ______________________

Von wem wissen wir so viel über Martin? ______________________

Wo wurde Martin geboren? ______________________

In welcher Stadt liegt Martin begraben? ______________________

Informierendes Lesen eines Sachtextes. Nachweis des Leseverständnisses durch Beantworten von Fragen

# Kevin allein zu Haus

1. Lies den Text. In jeder Zeile steht ein Satz in falscher Reihenfolge.
2. Füge die Teile beim Lesen zu einem sinnvollen Satz zusammen.
3. Lies die Geschichte dann einem Partner oder einer Partnerin vor.

Kevin im Bett lag

Er nicht konnte schlafen

Der Mond hoch stand am Himmel

Er warf Schatten lange, dunkle

Der Wind durch die Bäume raste

Der Regen gegen die Scheibe heftig klatschte

Nun Mitternacht war

Kevin unter die Decke kroch

Trotzdem das Geräusch hörte er am Fenster

Da war auch noch Flüstern ein ganz leises

Draußen sein Name geflüstert wurde

Kevin stieg und aus dem Bett ging zum Fenster

Da ein kleines Gespenst sah er draußen

Es sah freundlich, aber ängstlich an Kevin

Kevin das Fenster öffnete sofort

Das kleine Gespenst gleich herein schwebte

„Danke“, es hauchte

„Ich habe eine Riesenangst immer bei diesem Wetter.“

Kevin in den Arm das kleine Gespenst nahm

Bald ein schliefen beide

Keiner mehr hatte Angst

Denn keiner nun war allein



Verwürfelte Satzteile zu einem sinnvollen Satz zusammenfügen, dabei im Lesefeld vor und zurück blicken

# Buchempfehlung in 7 Schritten

**1.** Wenn du dein Lieblingsbuch oder das letzte Buch, das du gelesen hast, vorstellen willst, solltest du einige Punkte beachten. So vergisst du nichts Wichtiges und deine Zuhörer erfahren viel über dein Buch.

**1. Zeige das Buch, über das du sprichst.**

**2. Nenne wichtige Informationen zu deinem Buch:**

**Titel** (Wie heißt dein Buch?)
**Autor** (Wer hat das Buch geschrieben?)
**Grafiker** (Wer hat die Bilder gezeichnet?)
**Verlag** (Welche Firma hat das Buch hergestellt?)
**Seitenzahl** (Wie viel Seiten hat dein Buch?)
**Preis** (Was kostet dein Buch?)

**3. Stell den Klappentext vor.**

Auf den Klappen des Schutzumschlages (oder heute meistens auf der Rückseite des Buches) steht der sogenannte Klappentext. Er wirbt für das Buch und informiert in ganz kurzer Form über den Inhalt, manchmal auch über den Autor.

**4. Lies deine Lieblingsstelle vor.**

Das Vorlesen solltest du zu Hause üben.

**5. Zeige deine Lieblingsgrafik.**

Welches Bild gefällt dir am besten?

**6. Begründung für deine Buchempfehlung**

Sage mit eigenen Worten, warum dir das Buch so gefällt.

**7. Zusatzinfo**

- Du könntest eventuell noch sagen, in welcher Bücherei du das Buch gefunden hast, wann dort die Öffnungszeiten und wie lang die Ausleihfristen sind.
- Vielleicht könntest du auch noch einen kleinen Aushang mit deiner Empfehlung an die Pinnwand hängen.

# Die Olympischen Spiele

1. Lies zuerst den Text. Er besteht aus zwei Abschnitten.
   Finde für jeden Abschnitt eine passende Überschrift und schreibe sie darüber.
2. Beantworte dann die Fragen unten.

*Olympia war schon vor fast 3000 Jahren ein besonderer, ein heiliger Ort für die Griechen. Sie kamen oft von weit her, trafen sich alle vier Jahre und feierten etwa eine Woche lang ein Fest. Dabei beteten sie und dankten den Göttern für Siege. Während der Treffen herrschte immer Frieden. Zu diesen Feiern gehörten für die Griechen auch sportliche Wettkämpfe. Der erste dieser olympischen Wettkämpfe soll 776 Jahre vor Christus stattgefunden haben. Die Kämpfer waren nur Männer, sie traten übrigens in der Regel nackt zum Kampf an. Damals zählte nicht die Teilnahme, sondern nur der Sieg. Wer Olympiasieger wurde, hatte davon Vorteile für das ganze Leben. Später gehörte Olympia zum Römischen Reich. Zuerst wurden die Wettkämpfe weitergeführt. Aber im Jahre 396 nach Christus hat Kaiser Theodosius die Olympischen Spiele verboten.*

*Vor über 100 Jahren hat man in Griechenland viele alte Stätten und Geräte ausgegraben. Dadurch erinnerte man sich auch an die alten Olympischen Spiele. Der Franzose Pierre de Coubertin konnte viele Menschen in Europa und der ganzen Welt dafür begeistern, die Idee der friedlichen Olympischen Spiele wieder zu beleben.*
*1896 fanden dann in Athen die ersten Olympischen Spiele der Neuzeit statt. Damals nahmen über 300 junge Sportler aus 13 Ländern daran teil. Heute sind es mehrere Tausend Sportler. Viele neue Sportarten kamen dazu. Und seit 1928 nehmen endlich auch Frauen an den Olympischen Spielen teil.*

Seit wie viel Jahren gibt es die Olympischen Spiele der Neuzeit? ____________________

Wie lange gab es die Olympischen Spiele im alten Griechenland? ____________________

Seit wie vielen Jahren nehmen auch Frauen an Olympischen Spielen teil? ____________________

In welcher Stadt fanden die ersten Olympischen Spiele der Neuzeit statt? ____________________

Wer hat die Menschen für die neuen Olympischen Spiele begeistert? ____________________

Wo fanden die Olympischen Spiele im Altertum statt? ____________________

Heute sagt man zu den Olympischen Spielen oft: Teilnahme ist alles!
Was ist damit gemeint? War das immer so? Welche Meinung hast du dazu?



Genaues, sinnverstehendes und informierendes Lesen.
Kontrolle des Leseverständnisses, eigene Gedanken zum Text äußern

# Die Amsel

1. Lies den Text.
2. Stimmen die Behauptungen unten? Kreuze deine Meinung in der Tabelle an.

Im Frühjahr hat das Amselmännchen ein besonders schön schwarz glänzendes Federkleid. Der Schnabel leuchtet gelb. So will es einem Amselweibchen gefallen. Wenn sich ein Amselpaar gefunden hat, beginnt es mit dem Nestbau.

In das Nest legt das Weibchen vier bis sechs Eier. Sie haben eine blaugrüne Schale mit braunen Flecken.
Das Weibchen sitzt ungefähr zwei Wochen im Nest und brütet die Eier aus. Dann schlüpfen die nackten Amseljungen aus den Eiern. Sie werden im Nest vom Weibchen gewärmt. Rasch wachsen die Federn heran.

Die Jungen bleiben etwa 14 Tage im Nest und werden von Weibchen und Männchen gefüttert. Danach verlassen die Jungen das Nest. Sie können aber noch nicht fliegen. Sie werden nun noch etwa 14 Tage am Boden gefüttert, aber nur noch vom Männchen.
Erst danach sind die Jungen flügge und selbstständig. Während der Zeit am Boden sind die jungen Amseln besonders gefährdet.

| | ja | nein |
|---|---|---|
| 1. Amselmännchen haben ein schwarz glänzendes Gefieder. | | |
| 2. Amselweibchen haben gelbe Schnäbel. | | |
| 3. Die Eier sind braun. | | |
| 4. Das Weibchen legt etwa 12 Eier. | | |
| 5. Das Ausbrüten der Eier dauert etwa einen Monat. | | |
| 6. Die Eier sind blaugrün mit braunen Flecken. | | |
| 7. Die ausgeschlüpften Amseln sind zuerst nackt. | | |
| 8. Die jungen Amseln werden 14 Tage im Nest gefüttert. | | |
| 9. Nur das Weibchen füttert die Jungen. | | |
| 10. Das Ausbrüten der Eier dauert etwa zwei Wochen. | | |
| 11. Männchen und Weibchen füttern gemeinsam die Jungen. | | |

# Seltsume Vurse

1. Lies den Text.
2. Versuche die Unsinnverse in verschiedenen Betonungen und Stimmungen zu lesen: wütend, komisch, gelangweilt, traurig, laut, schnell, ernst, feierlich, ängstlich weinerlich, befehlend ... Du darfst dabei ruhig etwas übertreiben.

Wum oich woiße luchter
meiern im geschlünze
hüben greue muchter
nullig am verwünze.

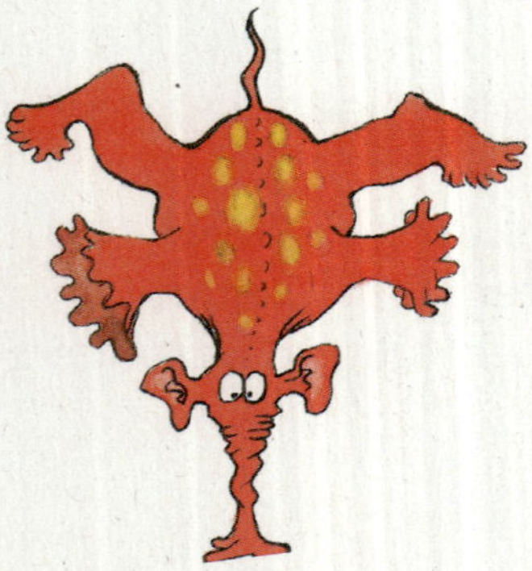

Alle makeln mürke
räkeln warme treunen
huppe wollig kürke
latte frenne keunen.

Ümmer rellen Veugel
leila, rösa, limpula
bröllen, wull der breugel
ümbra lankes pimpula.

Stotz aich, motz aich
hün mal han
hüppt oich, froit oich
dün man dan.

*Knut Bieder*

# Alltagstexte

1. Schau dir die Textausschnitte genau an.
2. Beantworte dann unten die Fragen.

❶

| | |
|---|---|
| upke Stefan Rosen- 40 | (0 20 66) 38 03 |
| Durach Zlatica Friedrich-Ebert- 102 | 0173 2 39 66 4 |
| Duray Norbert Allensteiner Ring 48 | 72 46 70 |
| Durban W. Hardenberg- 22 | 35 24 73 |
| Durchleuchter Birgit u.- Thomas Fruncsberg- 37 | 69 51 74 |
| Durcic Peter Brücken- 18 | (0 20 56) 1 38 44 |
| Durczak Edmund Kaiser-Friedrich- 14 | 40 11 45 |
| Durczok Marie Dr. Zahnarzt Emmericher- 105 | 42 13 79 |
| Durdel Wolfgang (RB) Grafschafter- 111C | (0 29 41) 82 26 |
| Durdevic Nikola Angerthaler- 150 | 4 79 51 01 |
| Durdi Mehmet Duisburger- 221 | (0 10 66) 46 82 82 |
| Durdubas Nahit Schul- 65 | 55 65 47 |
| urec GmbH Recycling Werthauser- 100 | 4 40 66 42 |

❷

**14.10** **Lupo Alberto (ab 5)** Trick
**14.35** **Schloss Einstein (ab 8)** Serie
**15.25** **Willi will's wissen (ab 6)** Reihe
**15.50** **Geschenkt! – Hilf dem Weihnachtsmann (ab 6)** Gewinnspiel
**16.00** **Momo (ab 6)** Momo und der Jahrmarkt der grauen Herren
**16.25** **Der Wunschpunsch (ab 5)** Trick
**16.50** **logo! (ab 8)** Nachrichten
**17.00** **Sissi (ab 6)** In letzter Sekunde
**17.25** **Mona der Vampir (ab 8)** Trick
**17.50** **Flipper & Lopaka (ab 7)** Die Falle

❸ Duisburg Hbf → **Leipzig Hbf**

| ab | Zug | Umsteigen | an | ab | Zug | an | Verkehrstage |
|---|---|---|---|---|---|---|---|
| 11.11 | ICE 547 | Hannover Hbf. | 13.28 | 13.36 | IC 2059 | 16.17 | täglich |
| 11.51 | IC 2049 | | | | | 17.19 | täglich |
| 12.11 | ICE 849 | Hannover Hbf. | 14.28 | 14.36 | IC 2049 | 17.19 | täglich |
| 12.15 | RE 4321 | Minden Westf.<br>Hannover Hbf.<br>Magdeburg Hbf. | 14.30<br>15.18<br>16.58 | 14.49<br>15.36<br>17.04 | IC 143<br>IC 2131<br>IC 2239 | 18.20 | täglich |
| 12.34 | IC 1949 | | | | | 17.57 | Fr |
| 13.11 | ICE 549 | Hannover Hbf.<br>Magdeburg Hbf. | 15.28<br>16.58 | 15.36<br>17.04 | IC 2131<br>IC 2239 | 18.20 | täglich<br>täglich |
| 13.13 | ICE 519 | F-Flugh.Fernbf. | 14.51 | 15.01 | ICE 1653 | 18.37 | täglich |
| 13.47 | IC 2114 | Dortmund Hbf. | 14.21 | 14.28 | IC 2047 | 19.19 | Mo – Fr. So |
| 14.04 | ICE 1753 | | | | | 19.34 | täglich |

Wo wohnt Peter Durcic? ____________________

Wie lange braucht der Zug um 11.51 Uhr bis Leipzig? ____________________

Welche Sendung wird für Kinder ab 7 Jahre empfohlen? ____________________

In welchen Sendungen werden Trickfilme gezeigt? ____________________

Wer hat die Telefonnummer 72 46 70? ____________________

Wie lange dauert die Nachrichtensendung *logo!*? ____________________

Wann ist der ICE 1753 in Leipzig? ____________________

Um wie viel Uhr fährt ein Zug ab, bei dem man dreimal umsteigen muss? ____________________

Das Leseverständnis im Hinblick auf Alltagstexte nachweisen
durch Beantwortung von Informationsfragen

# Das Rap-Huhn

1. Lies den Text.
2. Der Text ist ein Rap, den man rhythmisch spricht. Versuche es mal so: Die ersten Silben sprichst du schnell. Bei der drittletzten Silbe machst du eine Pause und sprichst eine Silbe lang und betont. Mache dir hier ein farbiges Zeichen an deinen Text.
3. Die beiden letzten Zeilen jeder Strophe sind der Refrain. Markiere ihn auch farbig. Er wird vom verrückten Rap-Huhn gesprochen, natürlich trägt es eine Mütze!

**Das Rap-Huhn**

Hallo Leute, wir sind heute auf dem Bauernhof.
Alle Tiere sind in Ordnung, nur eins ist doof!
Denn es findet sich so lässig und so obertoll
und es quasselt allen anderen die Ohren voll.
Ja, ich rappe so toll und ich bin gut drauf
und beim Rappen hab ich immer eine Mütze auf.

Und es gammelt auf der Leiter oder im Gesträuch
und es kommt aus seinem Schnabel immer dummes Zeug.
Und die andern Tiere kriegen dieses dumpfe Gefühl:
Wo die grauen Zellen fehlen, ja da quatscht man viel.
Ja, ich rappe so toll und ich bin gut drauf
und beim Rappen hab ich immer eine Mütze auf.

Und es redet und es redet und es hört nicht auf.
Und der Bauer, der wird sauer, und er regt sich auf.
Auch die Kühe haben Mühe und sie machen Muh.
Und inzwischen halten alle sich die Ohren zu.
Ja, ich rappe so toll und ich bin gut drauf
und beim Rappen hab ich immer eine Mütze auf.

*Felix Janosa*